Impressum
Verlag: BABADADA GmbH, Nedderfeld 112 , 22529 Hamburg
Geschäftsführer / Verlagsleitung: Harald Hof
Druck: Books on Demand GmbH, In de Tarpen 42, 22848 Norderstedt

Imprint
Publisher: BABADADA GmbH, Nedderfeld 112 , 22529 Hamburg, Germany
Managing Director / Publishing direction: Harald Hof
Print: Books on Demand GmbH, In de Tarpen 42, 22848 Norderstedt

ysgol
學校

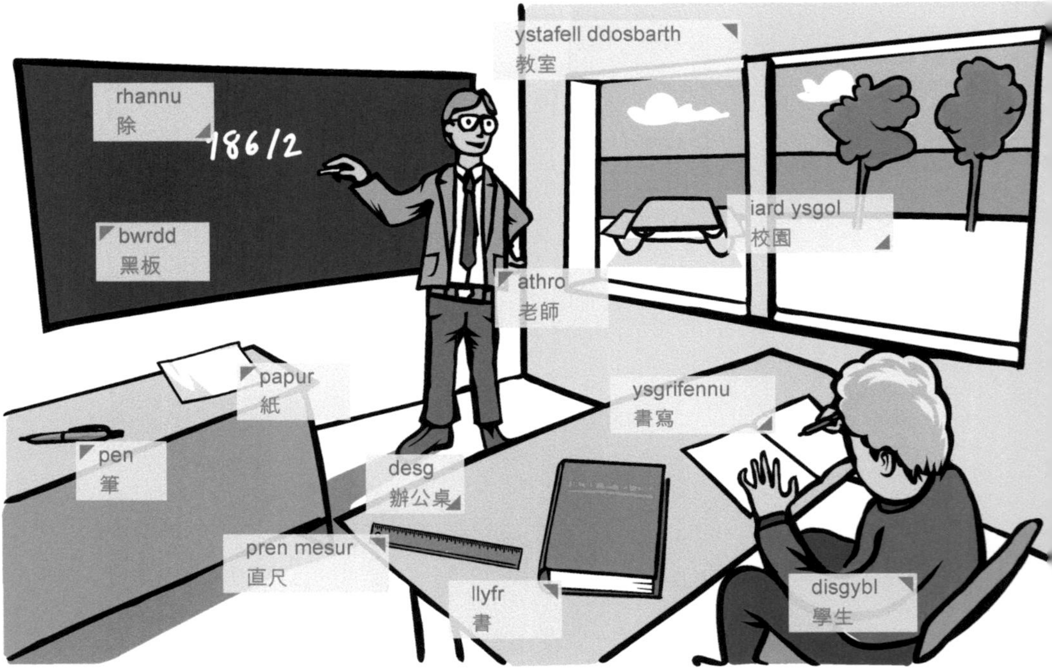

ystafell ddosbarth
教室
rhannu
除
186/2
bwrdd
黑板
iard ysgol
校園
athro
老師
papur
紙
ysgrifennu
書寫
pen
筆
desg
辦公桌
pren mesur
直尺
llyfr
書
disgybl
學生

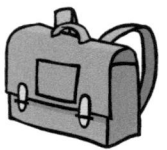

bag ysgol
書包

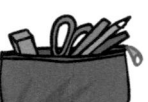

blwch penseli
鉛筆盒

pensil
鉛筆

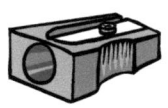

peth rhoi min ar bensil
削鉛筆機

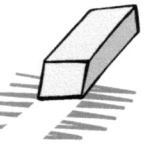

rwber
橡皮擦

pad arlunio
畫板

llun

圖畫

brws paent

畫筆

blwch paent

顏料盒

siswrn

剪刀

glud

膠水

llyfr ysgrifennu

練習冊

gwaith cartref

家庭作業

rhif

數字

ychwanegu

加

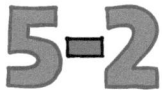

tynnu

減

lluosi

乘

cyfrifo

計算

llythyren

字母

gwyddor

字母表

hello

gair

字

testun

課文

darllen

讀

sialc

粉筆

gwers

上課

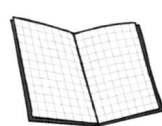

cofrestr

登記

arholiad

考試

tystysgrif

證書

gwisg ysgol

校服

addysg

教育

gwyddoniadur

百科全書

prifysgol

大學

microsgop

顯微鏡

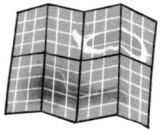

map

地圖

basged papur gwastraff

廢紙簍

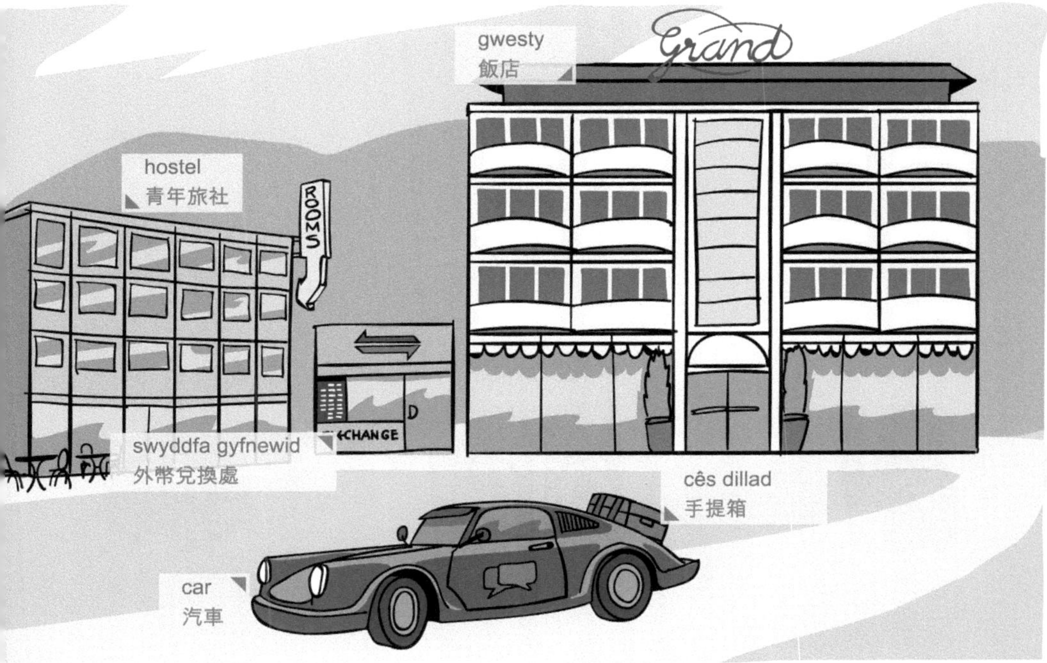

gwesty
飯店
Grand
hostel
青年旅社
ROOMS
swyddfa gyfnewid
外幣兌換處
cês dillad
手提箱
car
汽車

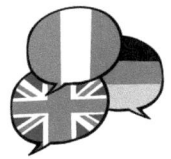

iaith
語言

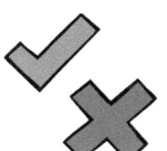

ie / na
是/否

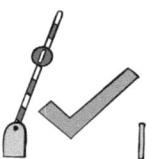

iawn
好的

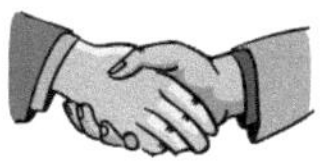

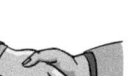

helo
您好

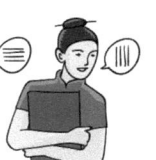

cyfieithydd
翻譯人員

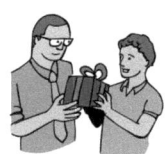

Diolch yn fawr
謝謝

faint yw ...?

......多少錢？

Dw i ddim yn deall

我不明白

problem

問題

Noswaith dda!

晚上好！

Bore da!

早上好！

Nos da!

晚安！

hwyl

再見

cyfarwyddyd

方向

bagiau

行李

bag

包

gwarbac

背包

gwestai

客人

ystafell

房間

sach gysgu

睡袋

pabell

帳篷

gwybodaeth i ymwelwyr

旅行資訊

traeth

海灘

cerdyn credyd

信用卡

brecwast

早餐

cinio

午餐

swper

晚餐

tocyn

票

lifft

電梯

stamp

郵票

ffin

邊界

tollau

海關

llysgenhadaeth

大使館

fisa

簽證

pasbort

護照

cludiant

交通運送

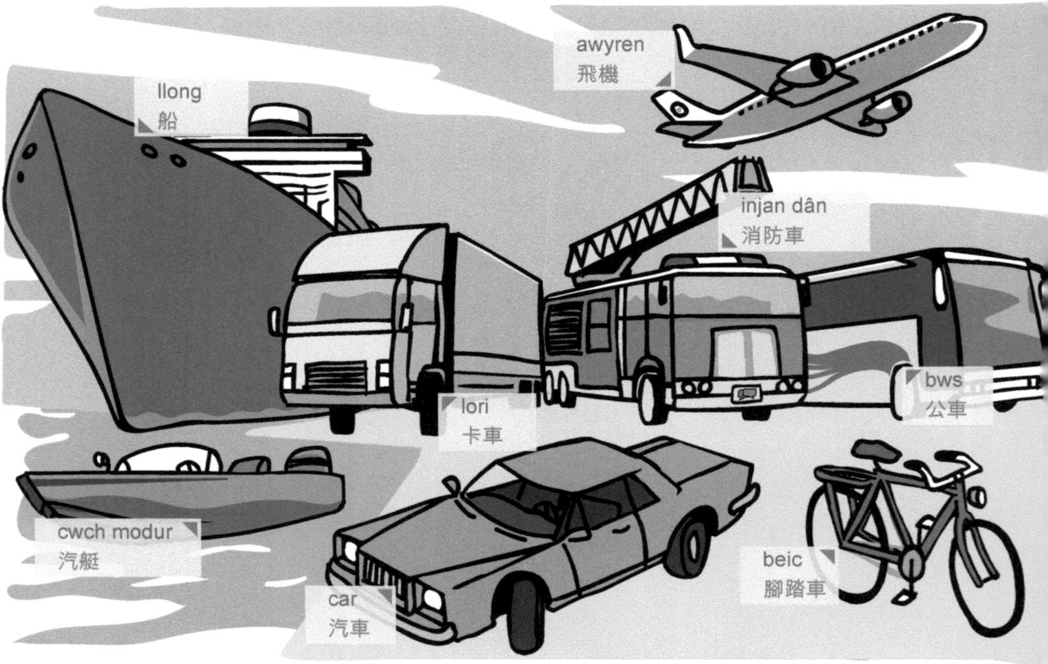

awyren
飛機
llong
船
injan dân
消防車
bws
公車
lori
卡車
cwch modur
汽艇
beic
腳踏車
car
汽車

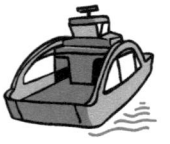

fferi

渡輪

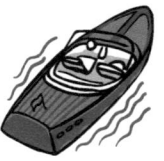

cwch

小船

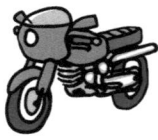

beic modur

機車

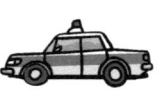

car yr heddlu

警車

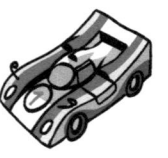

car rasio

賽車

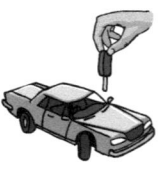

car wedi'i rentu

租車

rhannu car

拼車

lori tynnu

拖車

lori ysbwriel

垃圾車

modur

馬達

tanwydd

汽油

gorsaf betrol

加油站

arwydd traffig

交通標識

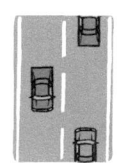

traffig

交通

tagfa draffig

交通堵塞

maes parcio

停車場

gorsaf drennau

火車站

traciau

軌道

trên

火車

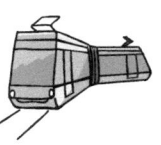

tram

路面電車

wagen

客車廂

hofrennydd

直升機

maes awyr

機場

twr

塔

teithiwr

乘客

cynhwysydd

集裝箱

paced

紙板箱

cert

手推車

basged

籃子

esgyn / glanio

起飛/降落

dinas

城市

pentref

村莊

canol y ddinas

市中心

tŷ

房子

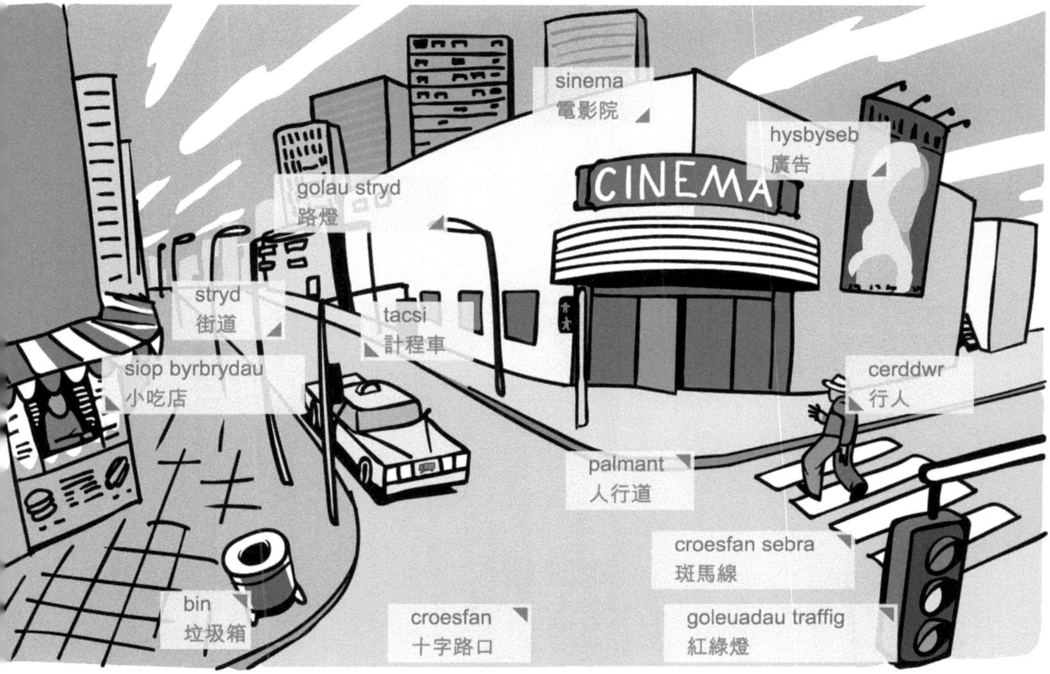

sinema
電影院
hysbyseb
廣告
CINEMA
golau stryd
路燈
stryd
街道
tacsi
計程車
siop byrbrydau
小吃店
cerddwr
行人
palmant
人行道
croesfan sebra
斑馬線
bin
垃圾箱
croesfan
十字路口
goleuadau traffig
紅綠燈

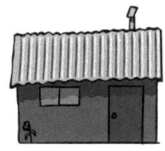

cwt

小屋

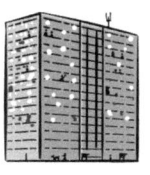

fflat

公寓

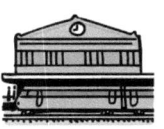

gorsaf drennau

火車站

neuadd y dref

市政廳

MUSEUM

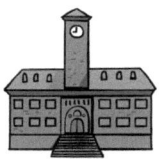

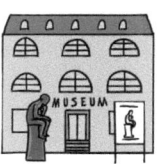

amgueddfa

博物館

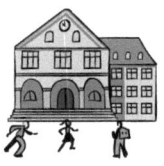

ysgol

學校

prifysgol

大學

banc

銀行

ysbyty

醫院

gwesty

飯店

fferyllfa

藥房

swyddfa

辦公室

siop lyfrau

書店

siop

商店

siop flodau

花店

archfarchnad

超市

farchnad

市場

siop adrannol

百貨商店

siop bysgod

魚店

canolfan siopa

購物中心

harbwr

海港

parc

公園

banc

長凳

pont

橋

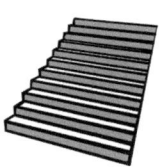

grisiau

樓梯

rheilffordd danddaearol

捷運

twnnel

隧道

safle bws

公車站

bar

酒吧

bwyty

餐館

blwch post

郵筒

arwydd stryd

路標

mesurydd parcio

停車計時器

sŵ

動物園

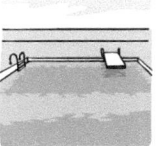

pwll nofio

游泳池

mosg

清真寺

ffrem

農場

llygredd

污染

mynwent

墓地

eglwys

教堂

maes chwarae

操場

teml

寺廟

tirwedd

地形

deilen
樹葉

arwydd cyfeirio
指示牌

ffordd
路

dôl
草地

carreg
石頭

coeden
樹

heiciwr
徒步旅行
者

afon
河

glaswellt
草

blodyn
花

cwm

峽谷

bryn

丘陵

llyn

湖

coedwig

森林

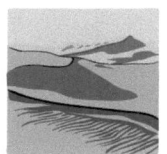

anialwch

沙漠

llosgfynydd

火山

castell

城堡

enfys

彩虹

madarchen

蘑菇

palmwydden

棕櫚樹

mosgito

蚊子

pryf

蒼蠅

morgrugyn

螞蟻

gwenyn

蜜蜂

pryf copyn

蜘蛛

chwilen

甲蟲

llyffant

青蛙

gwiwer

松鼠

draenog

刺蝟

ysgyfarnog

野兔

tylluan

貓頭鷹

aderyn

鳥

alarch

天鵝

baedd

野豬

carw

鹿

elc

麋鹿

argae

水壩

tyrbin gwynt

風力發電機

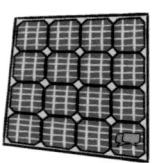

panel haul

太陽能電池板

hinsawdd

氣候

gweinydd
服務生

bwydlen
菜譜

cadair
椅子

cawl
湯

pitsa
披薩餅

cyllyll a ffyrc
餐具

lliain bwrdd
桌布

cwrs cyntaf

前菜

prif gwrs

主菜

pwdin

甜點

diodydd

飲料

bwyd

食物

potel

瓶子

bwyd cyflym

速食

bwyd y stryd

街邊小吃

tebot

茶壺

powlen siwgr

糖盒

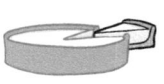

dogn

一份飯菜

peiriant espresso

義式咖啡機

cadair plentyn

高腳椅

bil

帳單

hambwrdd

托盤

cyllell

刀

fforc

餐叉

llwy

勺子

llwy de

茶匙

napcyn

餐巾

gwydr

玻璃杯

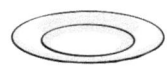

plât

碟子

plât cawl

湯盤

soser

碟子

saws

醬

pot halen

鹽瓶

melin bupur

胡椒研磨罐

finegr

醋

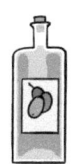

olew

食用油

sbeisys

調味料

saws coch

番茄醬

mwstard

芥末

mayonnaise

美乃滋

archfarchnad
超市

cynnig arbennig
特價
FOR
cwsmer
顧客
cynnyrch llaeth
乳製品
ffrwythau
水果
troli
購物車

BUTCHERS

siop gig

肉鋪

BAKERY

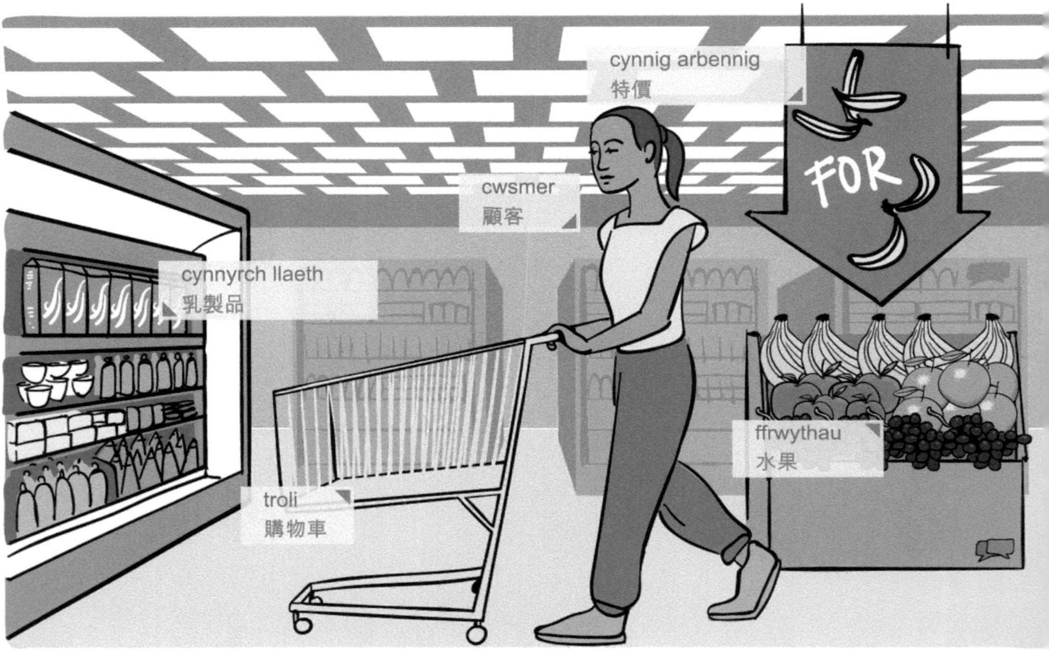

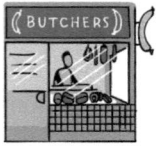

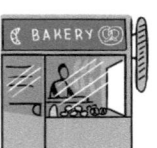

siop fara

麵包店

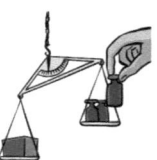

pwyso

稱重

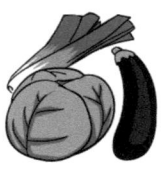

llysiau

蔬菜

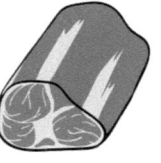

cig

肉

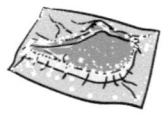

Bwyd wedi'i rewi

冷凍食品

cig oer

冷盤

bwyd tun

罐頭食品

powdr golchi

洗衣粉

da-da

甜食

cynnyrch cartref

日用品

cynhyrchion glanhau

清潔用品

gwerthwraig

銷售員

til

收銀機

ariannwr

收銀員

rhestr siopa

購物清單

oriau agor

開放時間

waled

錢包

cerdyn credyd

信用卡

bag

袋子

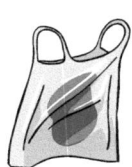

bag plastig

塑膠袋

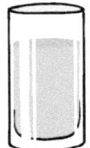

dŵr

水

sudd

果汁

llefrith

牛奶

côc

可樂

gwin

紅酒

cwrw

啤酒

alcohol

酒

coco

可可

te

茶

coffi

咖啡

espresso

義式濃縮咖啡

cappuccino

卡布奇諾

ffrwchledd

香蕉

afal

蘋果

oren

柳丁

melon

西瓜

lemwn

檸檬

moronen

胡蘿蔔

garlleg

大蒜

bambŵ

竹子

nionyn

洋蔥

madarchen

蘑菇

cnau

堅果

nwdls

麵條

sbageti

義大利麵

reis

米飯

salad

沙拉

sglodion

薯條

tatws wedi'u ffrïo

炸馬鈴薯

pitsa

披薩餅

hambyrger

漢堡

brechdan

三明治

cytled

炸豬排

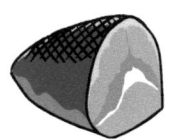

ham

火腿

salami

義大利臘腸

selsig

香腸

cyw iâr

雞肉

rhost

烤肉

pysgodyn

魚

ceirch uwd

燕麥片

miwsli

木斯里

creision ŷd

玉米片

blawd

麵粉

croissant

牛角麵包

bynsen

麵包捲

bara

麵包

tost

吐司

bisgedi

餅乾

menyn

奶油

ceuled

凝乳

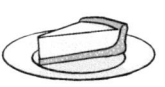

teisen

蛋糕

wy

蛋

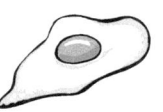

wy wedi'i ffrïo

煎蛋

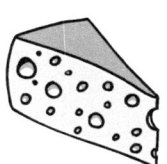

caws

起司

hufen iâ

冰淇淋

siwgr

糖

mêl

蜂蜜

jam

果醬

siocled taenu

巧克力醬

cyri

咖哩

fferm
農場

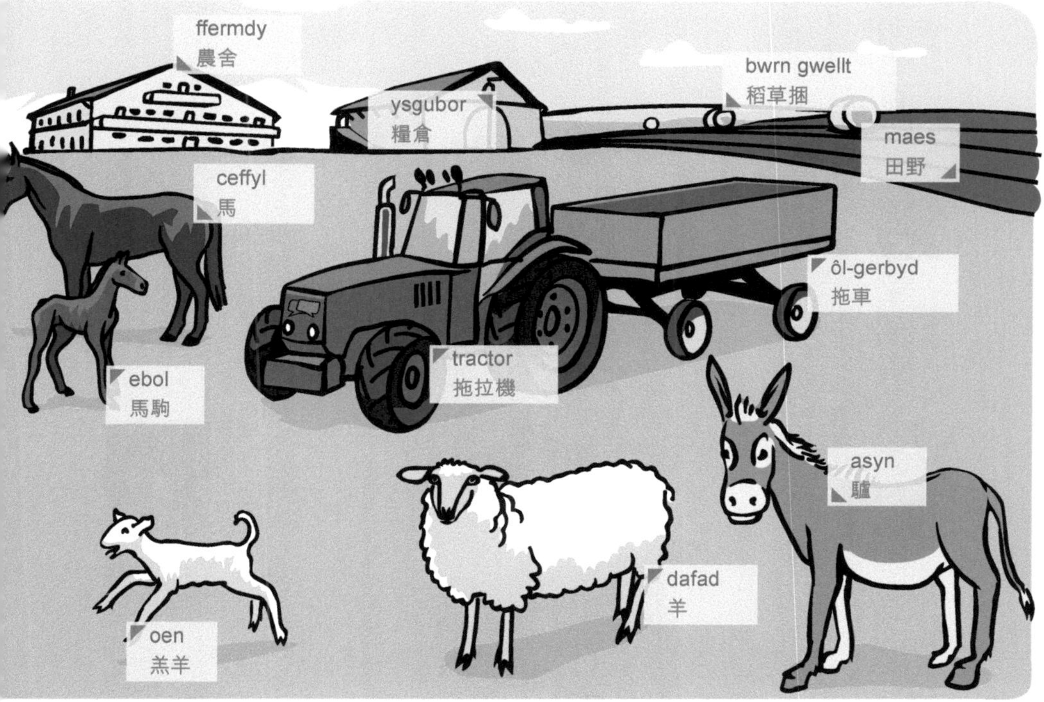
ffermdy
農舍
ysgubor
糧倉
bwrn gwellt
稻草捆
maes
田野
ceffyl
馬
ôl-gerbyd
拖車
tractor
拖拉機
ebol
馬駒
asyn
驢
dafad
羊
oen
羔羊

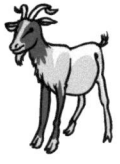

gafr

山羊

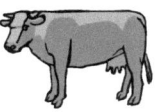

buwch

奶牛

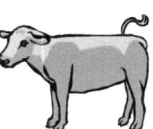

llo

小牛

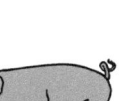

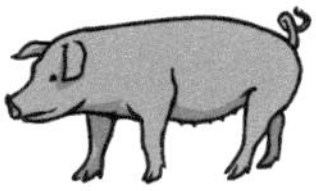

mochyn

豬

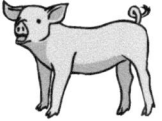

porchell

小豬

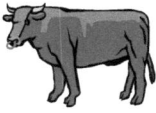

tarw

公牛

gwydd

鵝

hwyaden

鴨

cyw

小雞

iâr

母雞

ceiliog

公雞

llygoden fawr

鼠

cath

貓

llygoden

老鼠

ych

牛

ci

狗

cwt ci

狗屋

pibell ddŵr

花園澆水軟管

can dŵr

澆水壺

pladur

長柄大鐮刀

aradr

犁

cryman

鐮刀

fforch chwynu

鋤頭

picwarch

長柄草耙

bwyell

斧頭

berfa

獨輪手推車

cafn

飼料槽

tun llefrith

牛奶罐

sach

麻布袋

ffens

柵欄

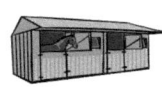

stabl

馬廄

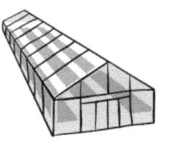

tŷ gwydr

溫室

pridd

土壤

hedyn

種子

gwrtaith

肥料

dyrnwr medi

聯合收割機

cynaeafu

收割

cynhaeaf

收割

iamau

地瓜

gwenith

小麥

soi

大豆

tysen

土豆

grawn

玉米

had rêp

油菜籽

coeden ffrwythau

果樹

manioc

樹薯

grawnfwydydd

穀物

simnai
煙囪

to
屋頂

peipen law
落水管

ffenestr
窗戶

garej
車庫

cloch y drws
門鈴

drws
門

bin sbwriel
垃圾桶

blwch post
信箱

gardd
花園

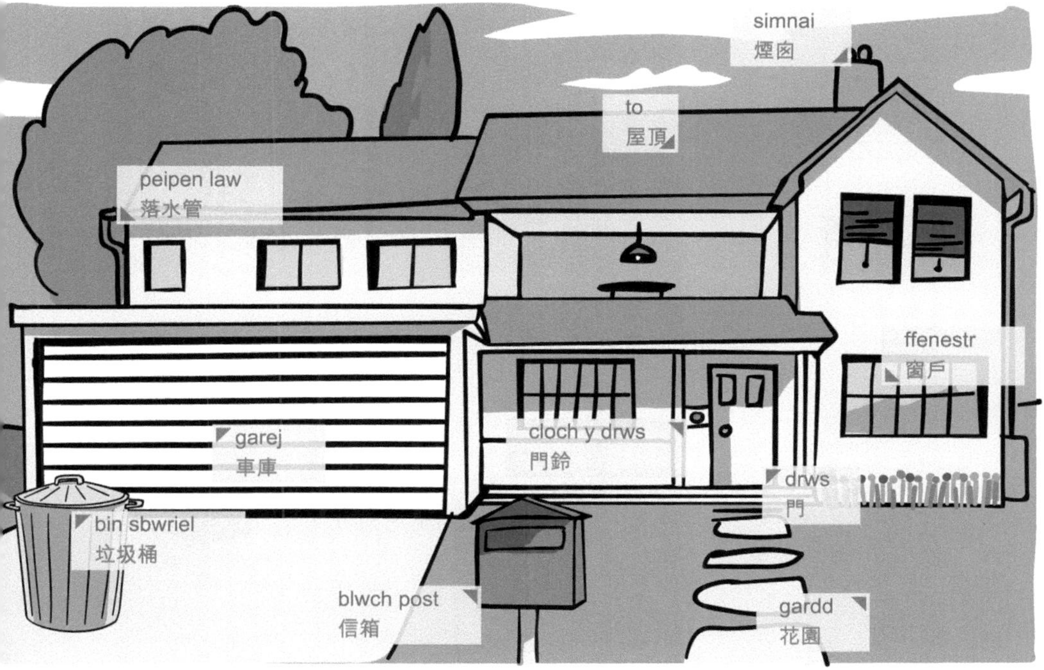

lolfa

客廳

ystafell ymolchi

浴室

cegin

廚房

ystafell wely

臥室

ystafell plentyn

兒童房

ystafell fwyta

餐廳

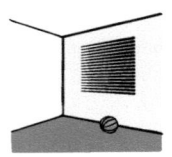

llawr

地板

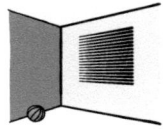

wal

牆壁

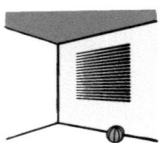

nenfwd

天花板

seler

地窖

sawna

三溫暖

balconi

陽臺

teras

露臺

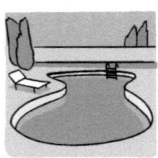

pwll

游泳池

peiriant torri gwair

割草機

taflen

被單

gorchudd gwely

床罩

gwely

床

ysgub

掃帚

bwced

水桶

swits

開關

lolfa

客廳

papur wal
壁紙
llun
相片
lamp
檯燈
silff
擱架
cwpwrdd
櫥櫃
teledu
電視
lle tân
壁爐
blodyn
花
clustog
墊子
soffa
沙發
fâs
花瓶
rheolydd o bell
遙控器

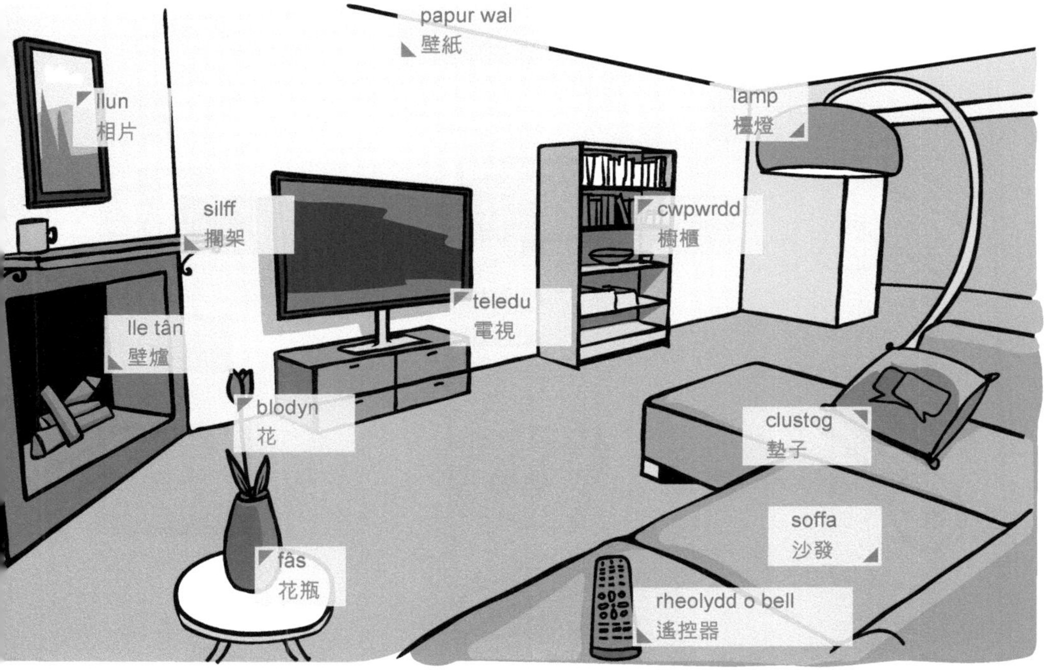

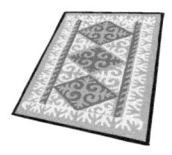

carped

地毯

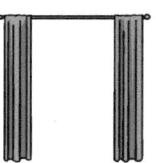

llen

窗簾

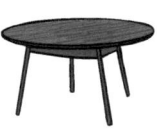

bwrdd

餐桌

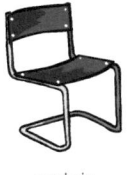

cadair

椅子

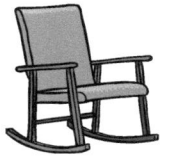

cadair siglo

搖椅

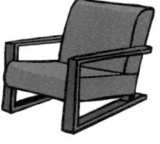

cadair freichiau

扶手椅

llyfr

書

blanced

毯子

addurn

裝飾品

coed tân

木柴

ffilm

電影

hi-fi

高傳真音響

agoriad

鑰匙

papur newydd

報紙

darlun

油畫

poster

海報

radio

收音機

llyfr nodiadau

筆記本

hwfer

吸塵器

cactws

仙人掌

cannwyll

蠟燭

cegin
廚房

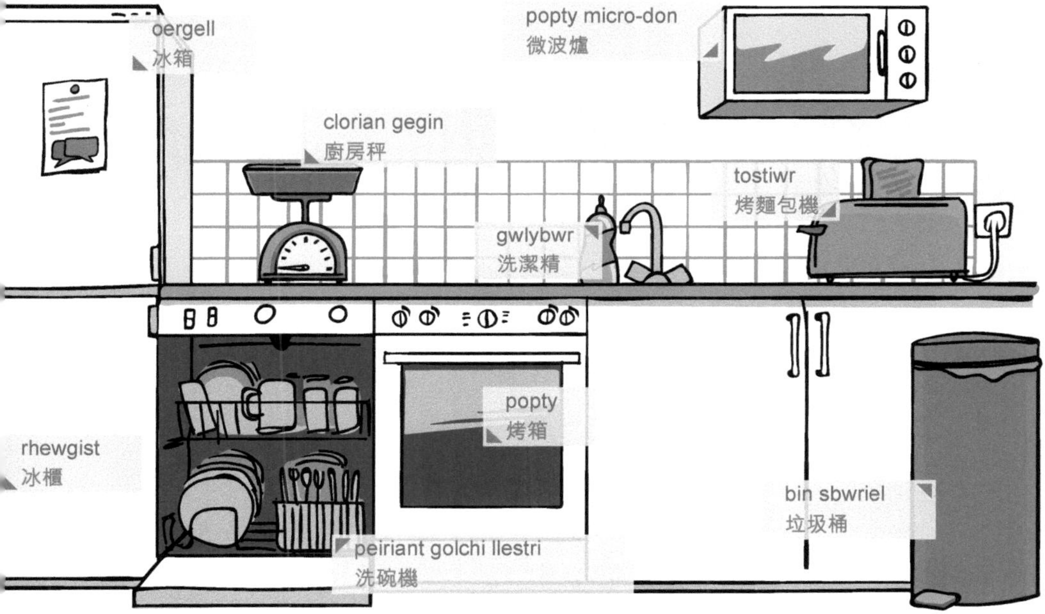

oergell
冰箱
popty micro-don
微波爐
clorian gegin
廚房秤
tostiwr
烤麵包機
gwlybwr
洗潔精
popty
烤箱
rhewgist
冰櫃
bin sbwriel
垃圾桶
peiriant golchi llestri
洗碗機

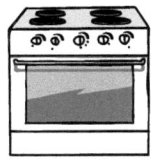

popty

炊具

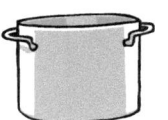

pot

鍋

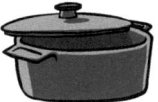

pot haearn bwrw

鑄鐵鍋

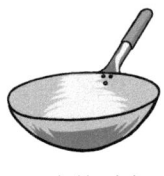

wok / kadai

炒鍋

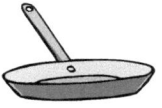

padell

平底鍋

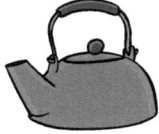

tegell

水壺

sosban stemio

蒸鍋

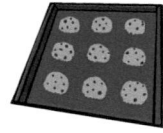

hambwrdd pobi

烤盤

llestri

陶瓷鍋

mwg

馬克杯

powlen

碗

gweill bwyta

筷子

lletwad

長柄勺

ysbodol

鏟子

chwisg

攪拌器

hidlydd

濾網

gogr

篩子

gratiwr

磨碎機

morter

研缽

barbeciw

燒烤

tân agored

明火

bwrdd torri cig

菜板

rholbren

擀麵杖

tynnwr corcyn

開瓶器

tun

罐子

peth agor tuniau

開罐器

clwt pot

隔熱手套

sinc

水槽

brws

刷子

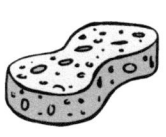

sbwng

海綿

peiriant cymysgu

攪拌機

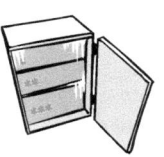

rhewgell

冷藏箱

potel babi

奶瓶

tap

水龍頭

ystafell ymolchi

浴室

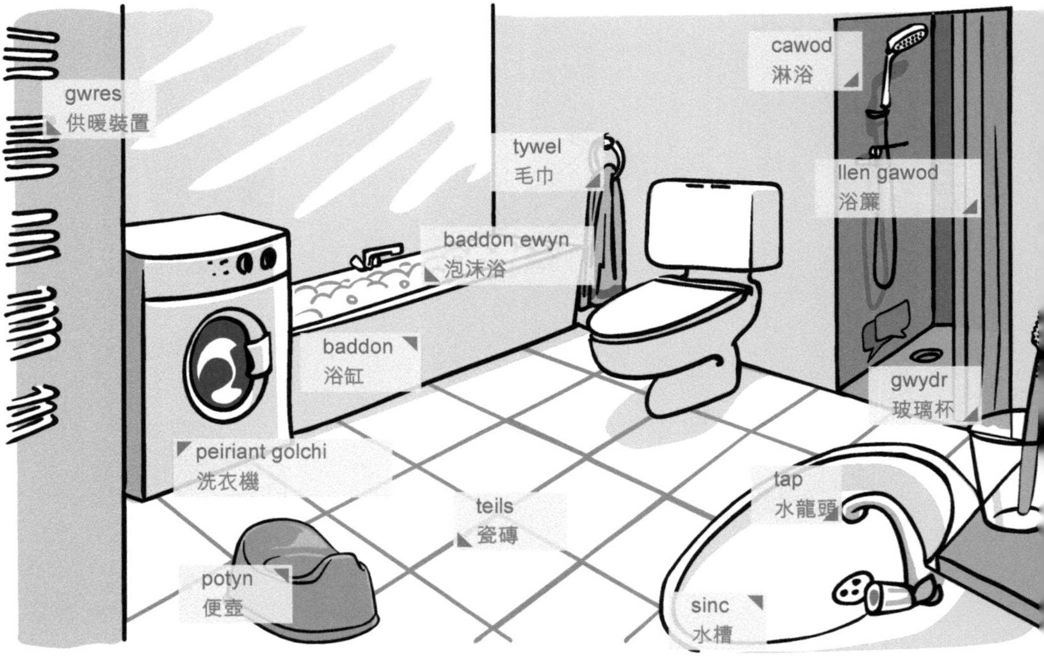

gwres
供暖裝置
tywel
毛巾
cawod
淋浴
llen gawod
浴簾
baddon ewyn
泡沫浴
baddon
浴缸
gwydr
玻璃杯
peiriant golchi
洗衣機
tap
水龍頭
teils
瓷磚
potyn
便壺
sinc
水槽

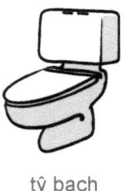

tŷ bach
廁所

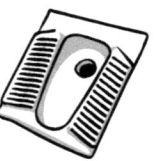

toiled cyrcydu
蹲便器

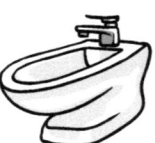

bidet
坐浴器

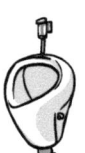

troethfa
小便斗

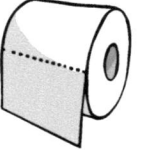

papur tŷ bach
廁紙

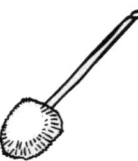

brws tŷ bach
馬桶刷

brws dannedd

牙刷

past dannedd

牙膏

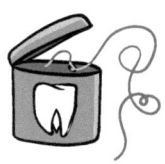

edau ddannedd

牙線

golchi

洗

cawod llaw

手持式蓮蓬頭

golchfa

沖洗器

basn

洗臉盆

brws-ôl

洗背刷

sebon

肥皂

gel cawod

沐浴露

siampŵ

洗髮乳

gwlanen

法蘭絨

ffos

排水

hufen

乳霜

diaroglydd

除臭劑

drych

鏡子

drych llaw

手鏡

rasel

刮鬍刀

ewyn eillio

刮鬍泡沫

sent eillio

鬍後水

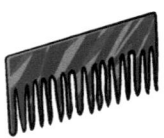

crib

梳子

brws

刷子

sychwr gwallt

吹風機

chwistrell gwallt

噴髮定型劑

colur

化妝品

minlliw

唇膏

farnais ewinedd

指甲油

gwlân cotwm

化妝棉

siswrn ewinedd

指甲剪

persawr

香水

bag ymolchi

洗漱包

stôl

凳子

clorian

計重秤

gŵn baddon

浴袍

menig rwber

橡膠手套

tampon

衛生棉條

tywel misglwyf

衛生棉

toiled cemegol

化學廁所

ystafell plentyn

兒童房

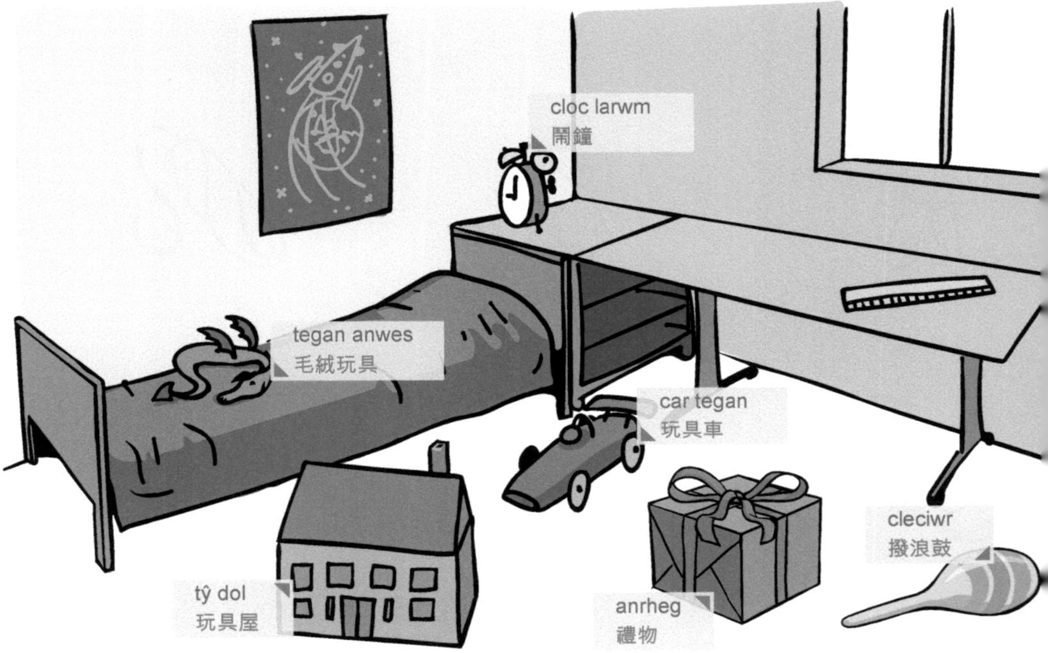
cloc larwm
鬧鐘
tegan anwes
毛絨玩具
car tegan
玩具車
cleciwr
撥浪鼓
tŷ dol
玩具屋
anrheg
禮物

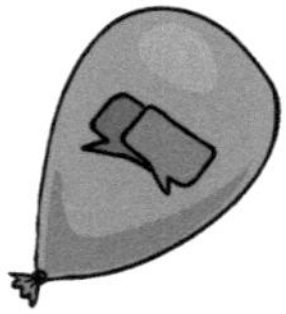

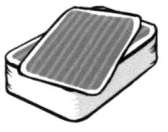

balŵn

氣球

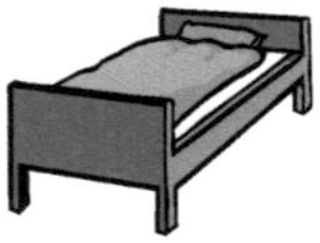

gwely

床

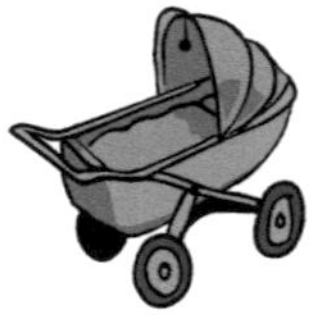

pram

嬰兒車

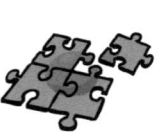

pecyn o gardiau

撲克牌

jig-so

拼圖

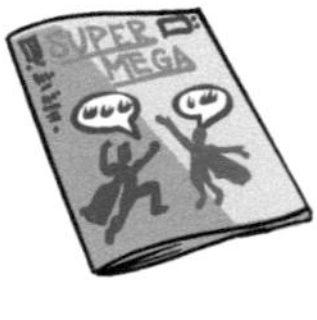

comic

漫畫

brics Lego

樂高積木

blociau adeiladu

積木玩具

ffigur gweithredu

公仔

babygro

嬰兒服

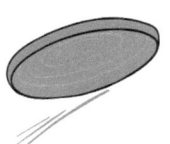

ffrisbi

飛盤

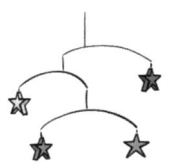

ffôn symudol

床鈴玩具

gêm fwrdd

棋盤遊戲

deis

骰子

set model trên

火車模型

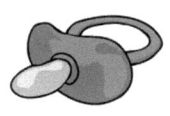

teth lwgu

安撫奶嘴

parti

派對

llyfr lluniau

繪本

pêl

球

dol

洋娃娃

chwarae

玩

pwll tywod

沙坑

swing

鞦韆

teganau

玩具

consol gemau fideo

電玩遊戲

beic tair olwyn

三輪車

tedi

泰迪熊

cwpwrdd dillad

衣櫃

dillad

衣服

hosanau

襪子

hosanau

長襪

teits

緊身褲

sgarff
圍巾

ymbarél
雨傘

crys-t
T恤

gwregys
皮帶

esgidiau
靴子

sliperi
拖鞋

esidiau ymarfer
運動鞋

sandalau
涼鞋

esgidiau
鞋

esgidiau rwber
雨靴

trôns
內褲

bra
胸罩

fest
背心

dillad - 衣服   45

corff

身體

trowsus

褲子

jîns

牛仔褲

sgert

短裙

blows

女式襯衫

crys

襯衫

pwlofer

套頭衫

hwdi

連帽上衣

blaser

西裝夾克

siaced

夾克

côt

外套

côt law

雨衣

gwisg

套裝

gŵn

連衣裙

gwisg briodas

婚紗

siwt

西裝

gŵn nos

睡袍

pyjamas

睡衣

sari

莎麗

sgarff pen

頭巾

tyrban

包頭巾

bwrca

波卡

cafftan

卡夫坦

abaya

(阿拉伯式)長袍

gwisg nofio

泳衣

trowsus nofio

男式泳褲

siorts

短褲

tracwisg

運動服

ffedog

圍裙

menig

手套

botwm

鈕扣

sbectol

眼鏡

breichled

手鏈

cadwyn

項鍊

modrwy

戒指

clustdlws

耳環

cap

便帽

cambren

衣架

het

帽子

tei

領帶

sip

拉鍊

helmed

安全帽

fframiau danedd

背帶

gwisg ysgol

校服

gwisg

制服

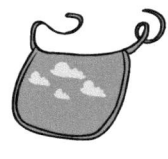

bib

圍兜

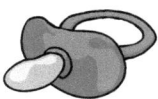

teth lwgu

安撫奶嘴

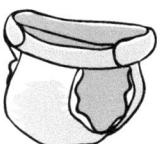

cewyn

尿布

swyddfa

辦公室

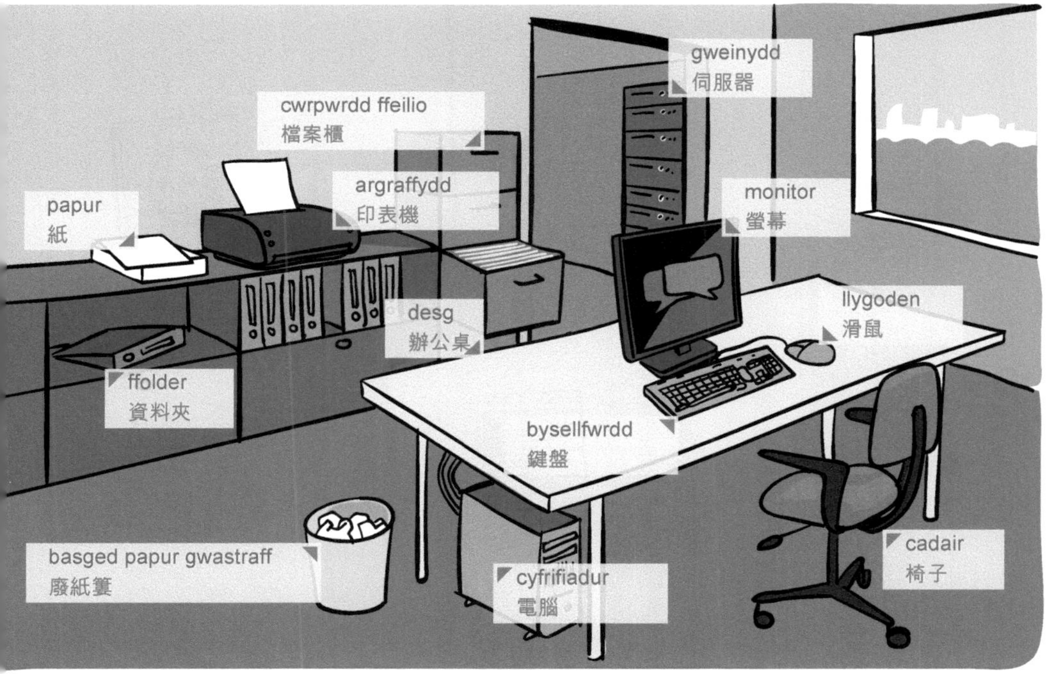

gweinydd
伺服器
cwrpwrdd ffeilio
檔案櫃
argraffydd
印表機
papur
紙
monitor
螢幕
desg
辦公桌
llygoden
滑鼠
ffolder
資料夾
bysellfwrdd
鍵盤
basged papur gwastraff
廢紙簍
cyfrifiadur
電腦
cadair
椅子

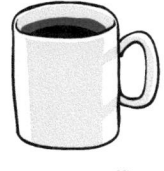

mwg coffi

咖啡杯

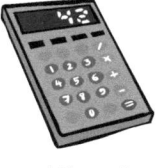

cyfrifiannell

計算機

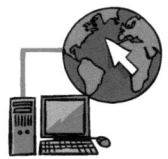

rhyngrwyd

網際網路

gliniadur

筆記型電腦

llythyr

信件

neges

簡訊

ffôn symudol

行動電話

rhwydwaith

網路

llungopïwr

影印機

meddalwedd

軟體

teleffon

電話

soced plwg

插座

peiriant ffacs

傳真機

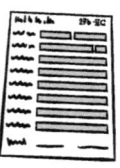

ffurflen

表格

dogfen

檔案

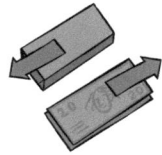

prynu

買

talu

付錢

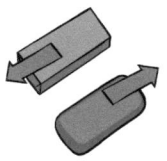

masnachu

交易

arian

現金

doler

美元

ewro

歐元

yen

日元

rwbl

盧布

ffranc y Swistir

瑞士法郎

yuan renminbi

人民幣

rwpi

盧比

peiriant arian

提款處

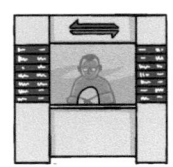

swyddfa gyfnewid

外幣兌換處

aur

金

arian

銀

olew

石油

ynni

能源

pris

價格

contract

合約

treth

稅金

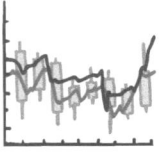

stoc

股票

gweithio

工作

cyflogai

職員

cyflogwr

老闆

ffatri

工廠

siop

商店

swyddi
職業

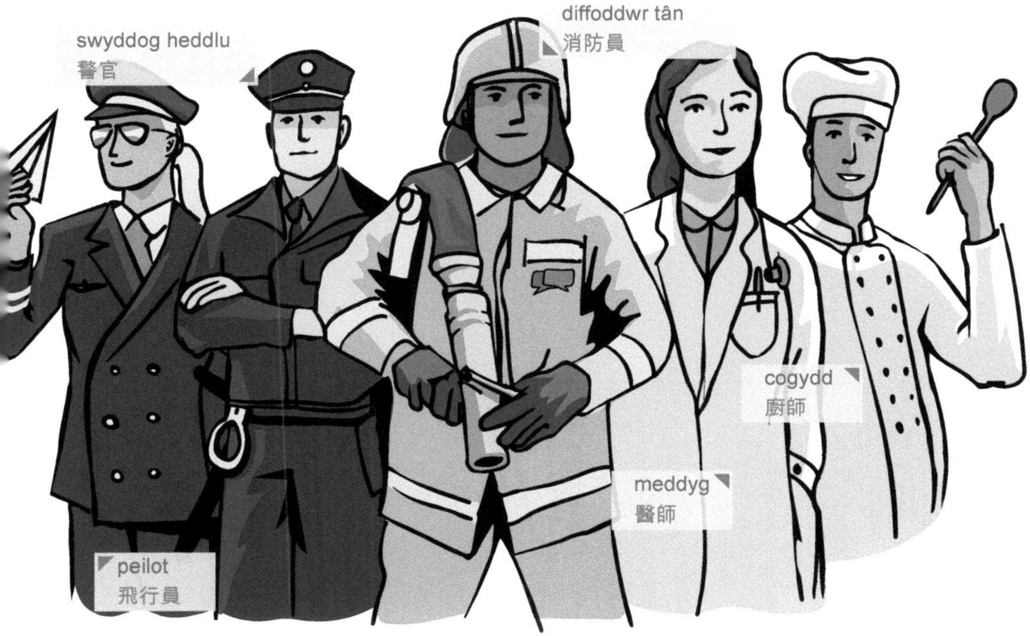
swyddog heddlu
警官
diffoddwr tân
消防員
cogydd
廚師
meddyg
醫師
peilot
飛行員

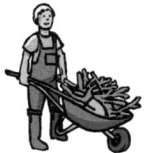

garddwr

園丁

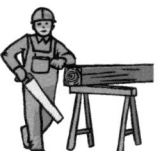

saer

木匠

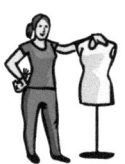

gwniadwraig

裁縫

barnwr

法官

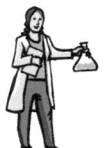

fferyllydd

化學家

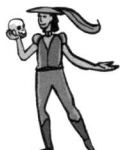

actor

演員

gyrrwr bws

公車司機

gyrrwr tacsi

計程車司機

pysgotwr

漁夫

glanhawraig

清洗女工

töwr

屋頂工

gweinydd

服務生

heliwr

獵人

paentiwr

畫家

pobydd

麵包師

trydanwr

電工

adeiladwr

建築工人

peiriannydd

工程師

cigydd

屠夫

plymiwr

水管工

dyn y post

郵差

milwr

士兵

pensaer

建築師

ariannwr

收銀員

gwerthwr blodau

花農

triniwr gwallt

理髮師

archwiliwr tocynnau
rheilffordd

售票員

mecanydd

機械技師

capten

船長

deintydd

牙醫

gwyddonydd

科學家

rabi

拉比

imam

伊瑪目

mynach

和尚

clerigwr

牧師

offer

工具

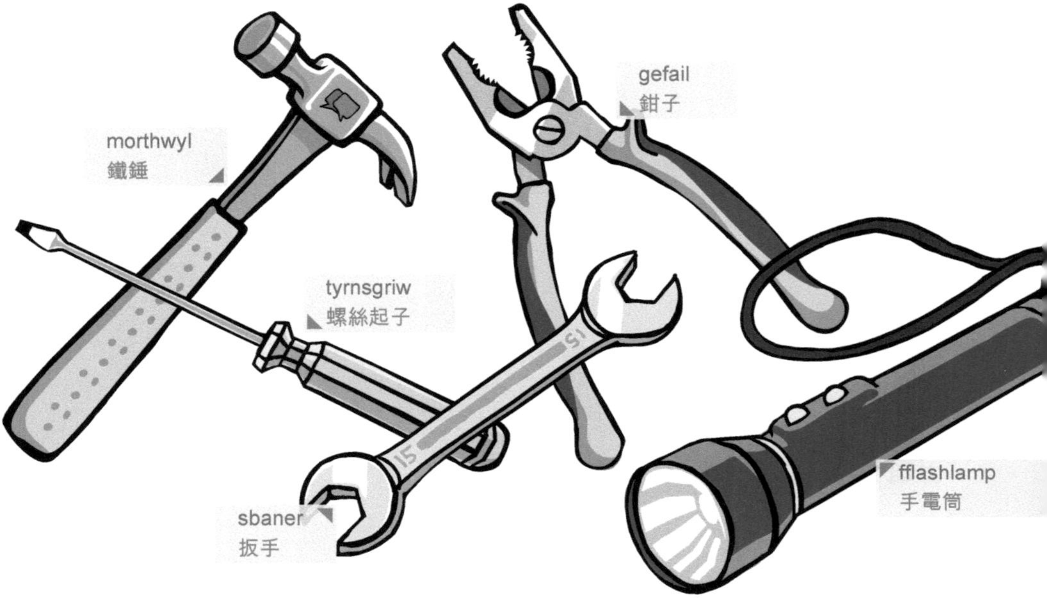
morthwyl
鐵錘
gefail
鉗子
tyrnsgriw
螺絲起子
sbaner
扳手
fflashlamp
手電筒

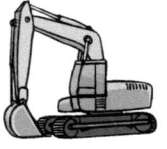

turiwr

挖掘機

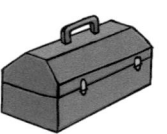

blwch offer

工具箱

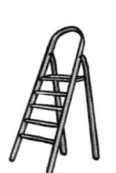

ysgol

梯子

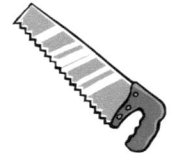

llif

鋸子

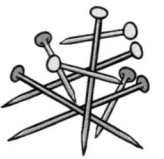

hoelion

釘子

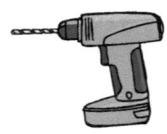

dril

鑽機

trwsio

修

rhaw

鏟子

Daria!

糟糕！

rhaw lwch

畚箕

pot paent

油漆桶

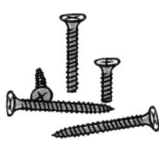

sgriwiau

螺絲

offerynnau cerdd

樂器

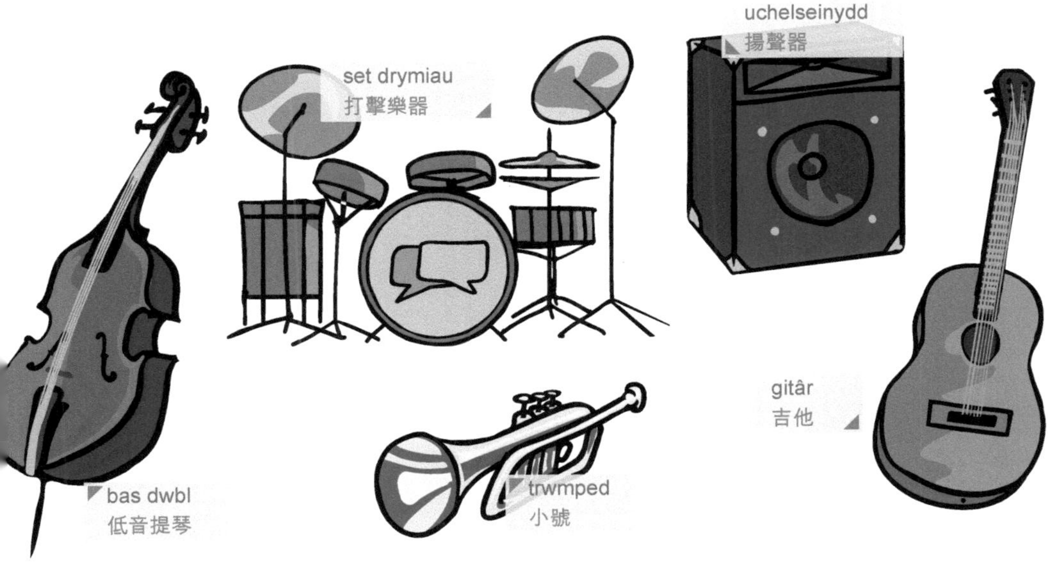

uchelseinydd
揚聲器

set drymiau
打擊樂器

gitâr
吉他

bas dwbl
低音提琴

trwmped
小號

piano

鋼琴

ffidil

小提琴

bas

貝斯

timpani

定音鼓

drymiau

鼓

cyweirfwrdd

電子琴

sacsoffon

薩克斯風

ffliwt

長笛

meicroffon

麥克風

sŵ

動物園

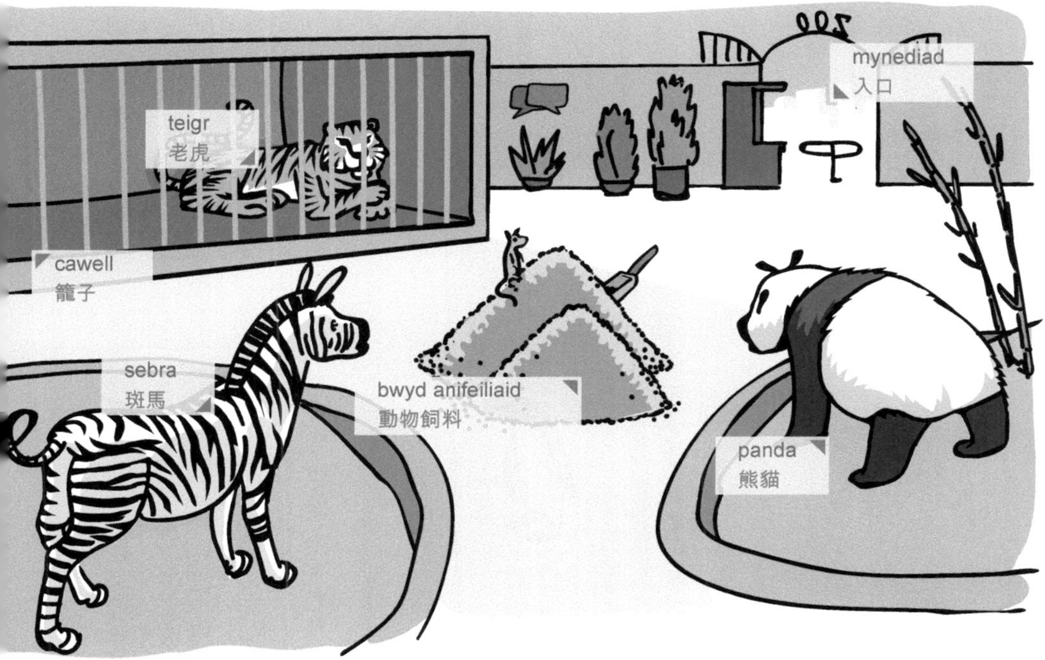

teigr
老虎
mynediad
入口
cawell
籠子
sebra
斑馬
bwyd anifeiliaid
動物飼料
panda
熊貓

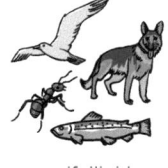

anifeiliaid

動物

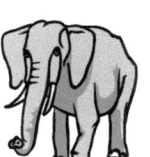

eliffant

大象

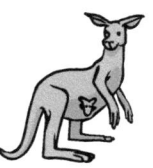

cangarŵ

袋鼠

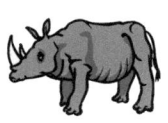

rhinoseros

犀牛

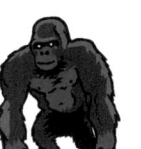

gorila

大猩猩

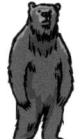

arth

熊

camel

駱駝

estrys

鴕鳥

llew

獅子

mwnci

猴子

fflamingo

紅鶴

parot

鸚鵡

arth wen

北極熊

pengwin

企鵝

siarc

鯊魚

paun

孔雀

neidr

蛇

crocodeil

鱷魚

gofalwr sŵ

動物園管理員

morlo

海豹

jagwar

美洲豹

merlyn

矮種馬

llewpard

豹

hipo

河馬

jiráff

長頸鹿

eryr

老鷹

baedd

野豬

pysgodyn

魚

crwban

龜

walrws

海象

llwynog

狐狸

gafrewig

羚羊

pêl-droed America
橄欖球

beicio
騎腳踏車

tennis
網球

pêl-fasged
籃球

nofio
游泳

bocsio
拳擊

hoci iâ
冰球

pêl-droed
········
美式足球

badminton
········
羽毛球

athletau
········
田徑

pêl-law
········
手球

sgïo
········
滑雪

polo
········
馬球

neidio
跳

cofleidio
擁抱

chwerthin
笑

cerdded
走路

canu
唱

breuddwydio
做夢

gweddïo
祈禱

cusanu
親吻

ysgrifennu
書寫

tynnu
畫

dangos
展示

gwthio
推

rhoi
給

cymryd
拿

bod gan

有

gwneud

做

bod

當

sefyll

站

rhedeg

跑

tynnu

拉

taflu

丟

disgyn

摔倒

gorwedd

躺

aros

等待

cario

攜帶

eistedd

坐

gwisgo amdanoch

穿衣

cysgu

睡覺

deffro

醒來

edrych ar

看

crïo

哭

anwesu

擊

cribo

梳頭

siarad

交談

deall

明白

gofyn

問

gwrando

聽

yfed

喝

bwyta

吃

tacluso

清理

caru

愛

coginio

做飯

gyrru

開車

hedfan

飛

hwylio

航行

cyfrifo

計算

darllen

讀

dysgu

學習

gweithio

工作

priodi

結婚

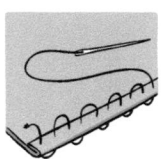

gwnïo

縫

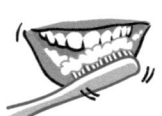

brwsio dannedd

刷牙

lladd

殺

ysmygu

抽菸

anfon

寄

teulu
家

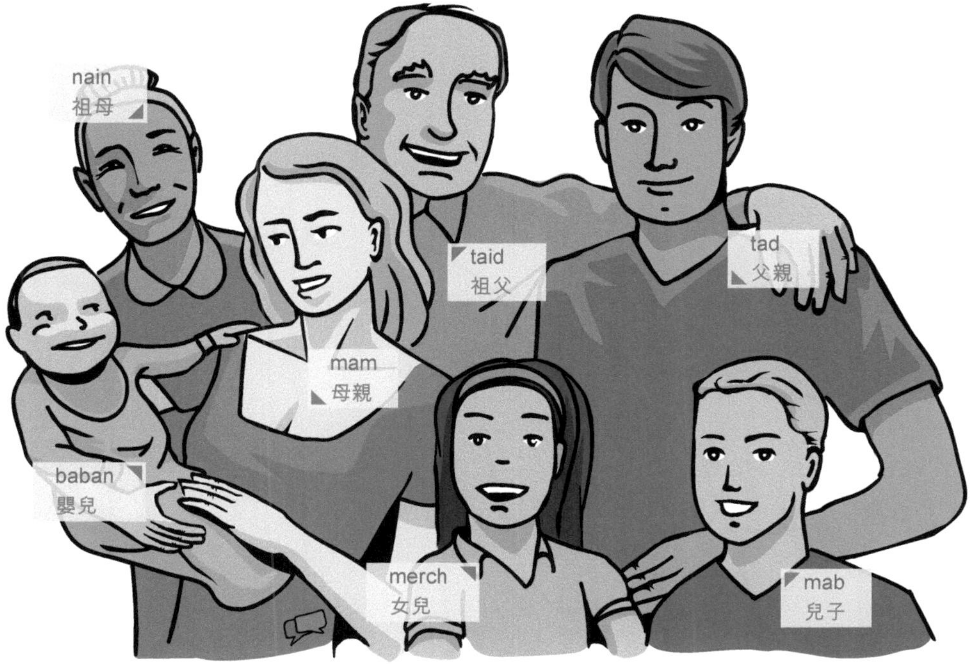
nain
祖母
taid
祖父
tad
父親
mam
母親
baban
嬰兒
merch
女兒
mab
兒子

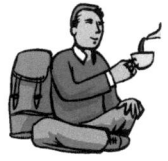

gwestai
客人

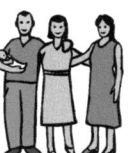

modryb
阿姨

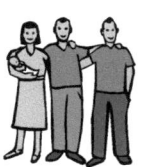

ewythr
叔叔

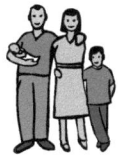

brawd
兄弟

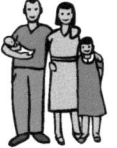

chwaer
姐妹

corff

身體

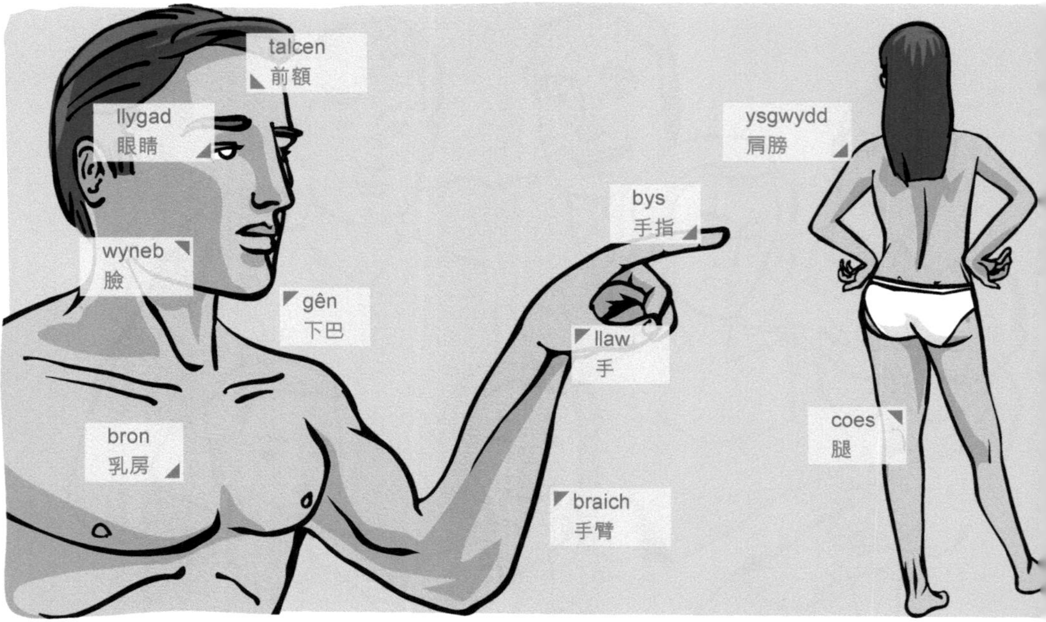

talcen
前額

llygad
眼睛

ysgwydd
肩膀

bys
手指

wyneb
臉

gên
下巴

llaw
手

bron
乳房

coes
腿

braich
手臂

baban

嬰兒

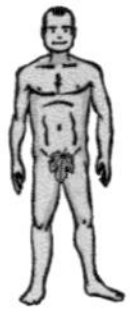

dyn

男人

gwraig

女人

geneth

女孩

bachgen

男孩

pen

頭

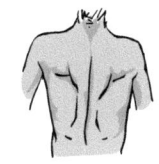

cefn

背部

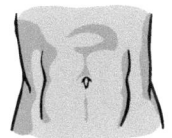

bel

肚子

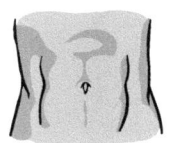

bogail

肚臍

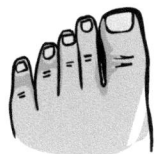

bys troed

腳趾

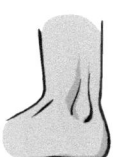

sawdl

腳後跟

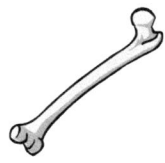

asgwrn

骨頭

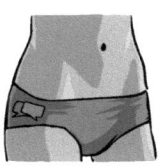

clun

臀部

pen-glin

膝蓋

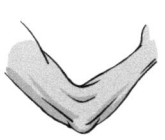

penelin

手肘

trwyn

鼻子

pen ôl

屁股

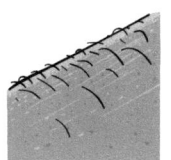

croen

皮膚

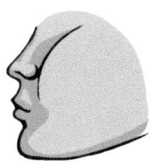

boch

臉頰

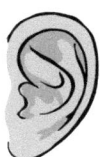

clust

耳朵

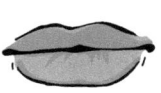

gwefus

嘴唇

ceg

嘴

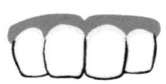

dant

牙齒

tafod

舌頭

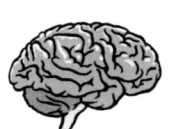

ymennydd

腦

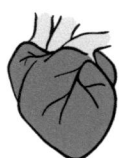

calon

心臟

cyhyr

肌肉

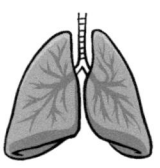

ysgyfaint

肺

iau

肝臟

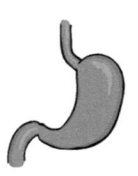

stumog

胃

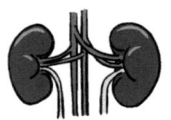

arennau

腎臟

rhyw

性交

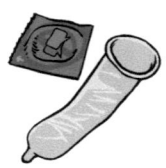

condom

保險套

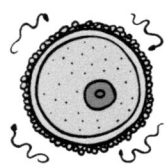

ofwm

卵子

semen

精子

beichiogrwydd

懷孕

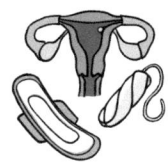

mislif

月事

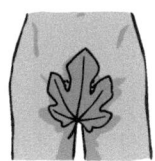

fagina

陰道

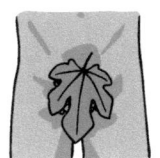

pidyn

陰莖

ael

眉毛

gwallt

頭髮

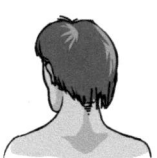

gwddf

脖子

ysbyty
醫院

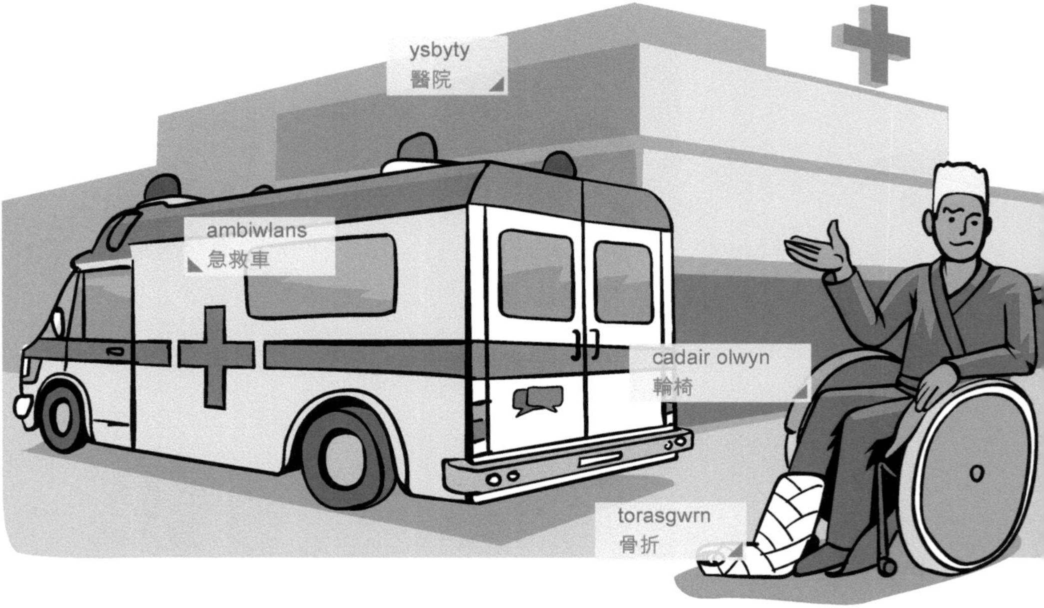

ysbyty
醫院
ambiwlans
急救車
cadair olwyn
輪椅
torasgwrn
骨折

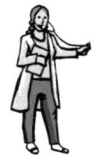

meddyg
醫師

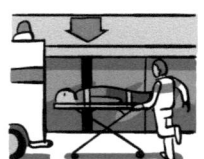

ystafell argyfwng
急診室

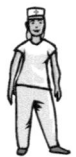

nyrs
護理師

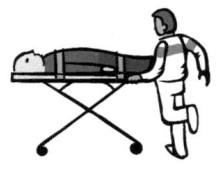

argyfwng
緊急情形

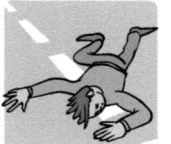

anymwybodol
昏迷

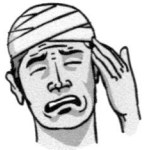

poen
痛

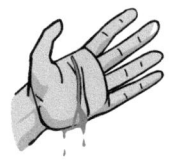

anaf

受傷

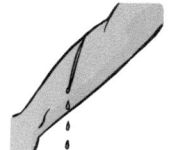

gwaedu

出血

trawiad ar y galon

心臟病發作

strôc

中風

alergedd

過敏

peswch

咳嗽

twymyn

發燒

ffliw

流感

dolur rhydd

腹瀉

cur pen

頭痛

canser

癌症

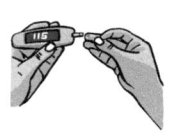

diabetes

糖尿病

llawfeddyg

外科醫師

fflaim

手術刀

gweithrediad

手術

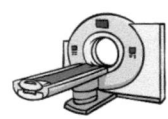

CT

電腦斷層掃描

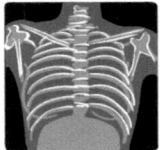

pelydr-x

X光

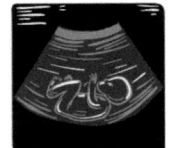

uwchsain

超音波

mwgwd wyneb

口罩

clefyd

疾病

ystafell aros

候診室

bagl

拐杖

plastr

石膏

rhwymyn

繃帶

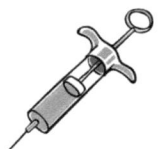

pigiad

注射

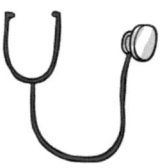

stethosgop

聽診器

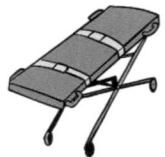

elorwely

擔架

thermomedr clinigol

體溫計

genedigaeth

出生

dros bwysau

超重

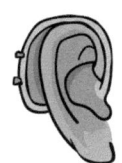

cymorth clyw

助聽器

diheintydd

消毒液

haint

感染

firws

病毒

HIV / AIDS

愛滋病

meddygaeth

藥物

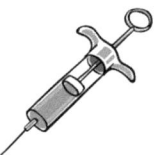

brechiad

接種疫苗

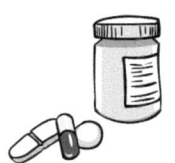

tabledi

藥片

y bilsen

藥丸

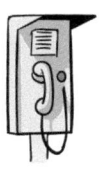

galwad frys

急救電話

monitor pwysau gwaed

血壓計

yn sâl / yn iach

生病/健康

Help!
救命！

larwm
警報

ymosodiad
突擊

ymosodiad
攻擊

perygl
危險

allanfa argyfwng
緊急出口

Tân!
失火了！

diffoddwr tân
滅火器

damwain
意外

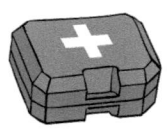

pecyn cymorth cyntaf
急救箱

SOS
呼救訊號

heddlu
員警

Ewrop

歐洲

Gogledd America

北美洲

De America

南美洲

Affrica

非洲

Asia

亞洲

Awstralia

澳洲

Iwerydd

大西洋

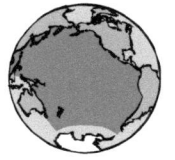

y Môr Tawel

太平洋

Cefnfor yr India

印度洋

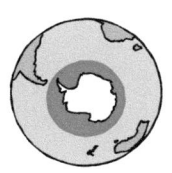

Cefnfor yr Antarctig

南冰洋

Cefnfor yr Arctig

北冰洋

Pegwn y Gogledd

北極

Pegwn y De

南極

Antarctica

南極洲

y Ddaear

地球

tir

陸地

môr

海

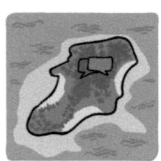

ynys

島

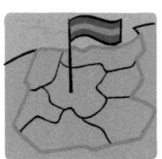

cenedl

國家

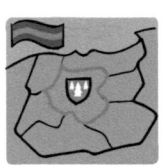

gwladwriaeth

州

wyneb cloc

錶盤

bys awr

時針

bys munud

分針

bys eiliad

秒針

Faint o'r gloch yw hi?

現在幾點？

dydd

天

amser

時間

yn awr

現在

cloc digidol

電子錶

munud

分

awr

時

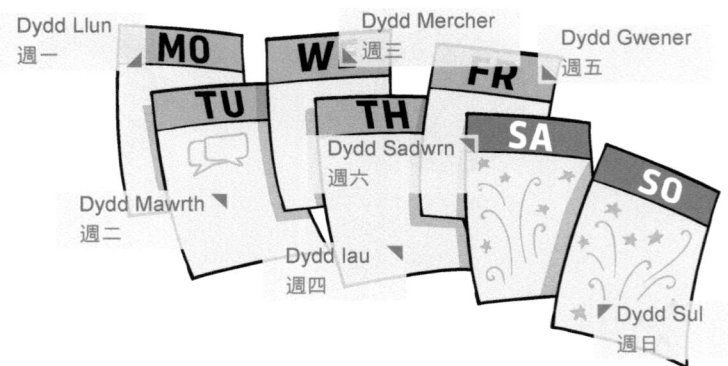

Dydd Llun
週一

Dydd Mercher
週三

Dydd Gwener
週五

Dydd Mawrth
週二

Dydd Sadwrn
週六

Dydd Iau
週四

Dydd Sul
週日

ddoe

昨天

heddiw

今天

yfory

明天

bore

早晨

canol dydd

中午

noswaith

晚上

diwrnodiau busnes

工作日

penwythnos

週末

glaw
雨

enfys
彩虹

gwynt
風

eira
雪

gwanwyn
春

hydref
秋

haf
夏

gaeaf
冬

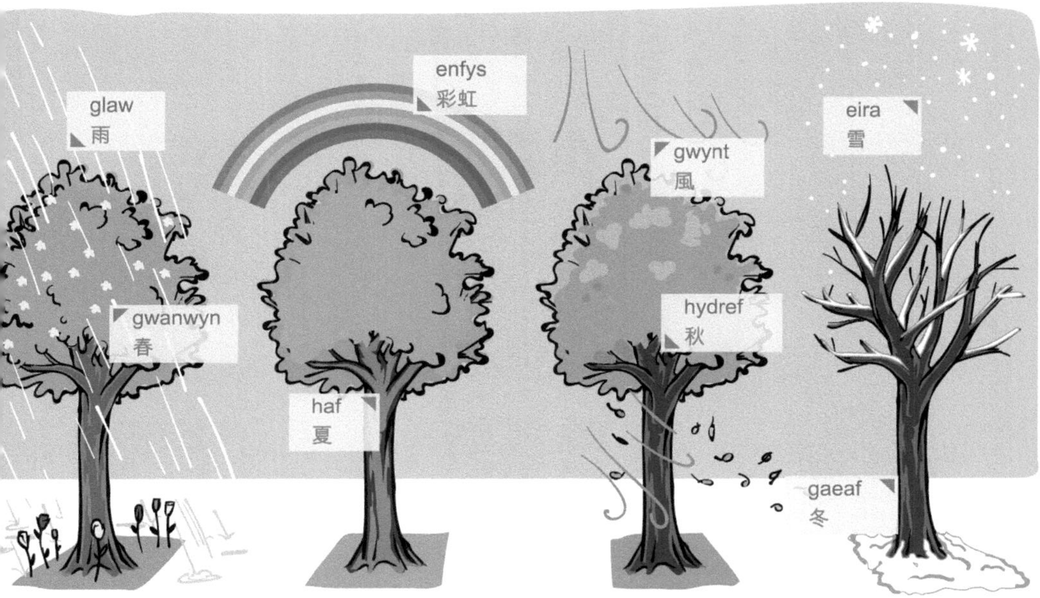

rhagolygon y tywydd

天氣預告

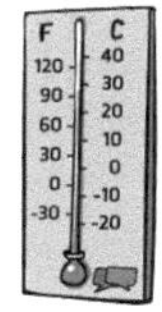

thermomedr

溫度計

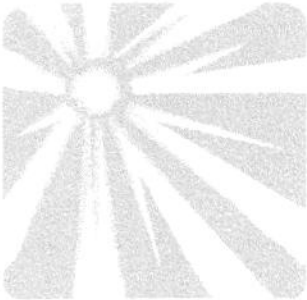

heulwen

陽光

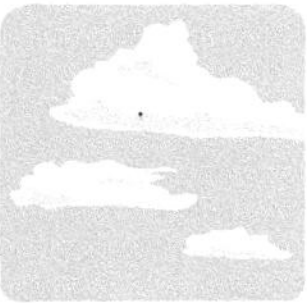

cwmwl

雲

niwl tew

霧

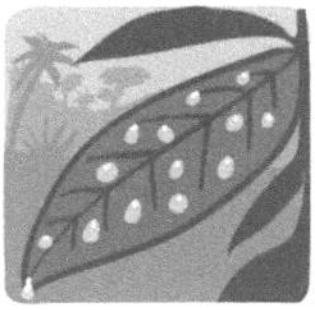

lleithder

潮濕

mellt

閃電

taranau

打雷

storm

風暴

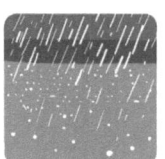

cenllysg

冰雹

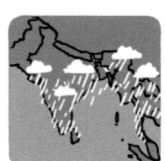

monswn

季風

llif

洪水

iâ

冰

Ionawr

一月

Chwefror

二月

Mawrth

三月

Ebrill

四月

Mai

五月

Mehefin

六月

Gorffennaf

七月

Awst

八月

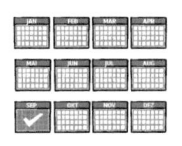

Medi

九月

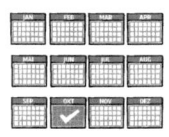

Hydref

十月

Tachwedd

十一月

Rhagfyr

十二月

cylch

圓形

sgwâr

正方形

petryal

長方形

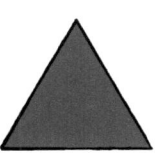

triongl

三角形

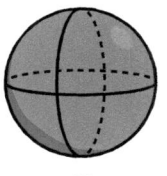

sffêr

球體

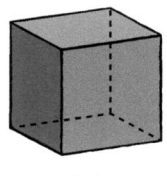

ciwb

立方體

gwyn

白

melyn

黃

oren

橙

pinc

粉

coch

紅

porffor

紫

glas

藍

gwyrdd

綠

brown

棕

llwyd

灰

du

黑

llawer / ychydig

很多/少許

dig / tawel

生氣/平靜

hardd / hyll

美/醜

dechrau / diwedd

首/尾

mawr / bach

大/小

llachar / tywyll

明/暗

brawd / chwaer

兄弟/姐妹

glân / budr

乾淨/骯髒

gyflawn / anghyflawn

完整/缺失

dydd / nos

白天/晚上

farw / yn fyw

死/生

eang / cul

寬/窄

bwytadwy / anfwytadwy

可食用/非食用

drwg / caredig

邪惡/善良

llawn cyffro / diflasu

興奮/無聊

tew / tenau

胖/瘦

cyntaf / olaf

第一/最後

cyfaill / gelyn

朋友/敵人

llawn / gwag

滿/空

caled / meddal

硬/軟

trwm / ysgafn

重/輕

wedi newynnu / yn sychedig

餓/渴

yn sâl / yn iach

生病/健康

anghyfreithlon / cyfreithiol

非法/合法

deallus / twp

聰明/愚笨

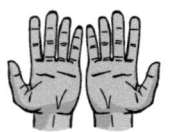

chwith / dde

左/右

agos / pell

近/遠

ewydd / wedi'i ddefnyddio

新/舊

dim / rhywbeth

沒有/有些

hen / ifanc

老/幼

ymlaen / i ffwrdd

開/關

ar agor / ar gau

打開/闔上

tawel / uchel

安靜/吵鬧

cyfoethog / tlawd

富/窮

cywir / anghywir

對/錯

garw / llyfn

粗糙/光滑

trist / hapus

傷心/高興

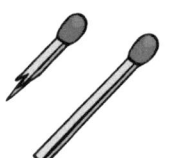

byr / hir

短/長

araf / cyflym

慢/快

gwlyb / sych

濕/乾

cynnes / claear

溫暖/涼爽

rhyfel / heddwch

戰爭/和平

cyferbyniadau - 反義詞

rhifau

數字

0

sero

零

1

un

一

2

dau

二

3

tri

三

4

pedwar

四

5

pump

五

6

chwech

六

7

saith

七

8

wyth

八

9

naw

九

10

deg

十

11

un deg un

十一

12
un deg dau
十二

13
un deg tri
十三

14
un deg pedwar
十四

15
un deg pump
十五

16
un deg chwech
十六

17
un deg saith
十七

18
un deg wyth
十八

19
un deg naw
十九

20
dau ddeg
二十

100
cant
百

1.000
mil
千

1.000.000
miliwn
百萬

Saesneg

英語

Saesneg America

美式英語

Tsieinëeg Mandarin

普通話

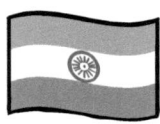

Hindi

印地語

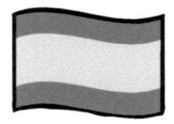

Sbaeneg

西班牙語

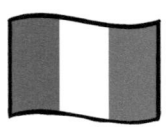

Ffrangeg

法語

Arabeg

阿拉伯語

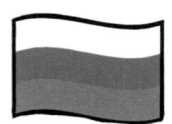

Rwseg

俄語

Portiwgaleg

葡萄牙語

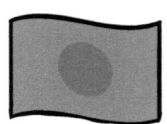

Bengali

孟加拉語

Almaeneg

德語

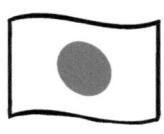

Siapanaeg

日語

fi

我

ti

你

ef / hi

他/她/它

ni

我們

chi

你們

nhw

他們

pwy?

誰？

beth?

什麼？

sut?

如何？

ble?

何處？

pryd?

何時？

enw

名字

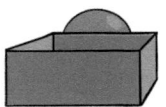

y tu ôl i

後面

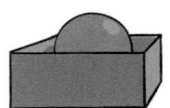

yn / yng / ym / mewn

裡面

o flaen

前面

dros

上方

ar

上面

dan

下麵

wrth ochr

旁邊

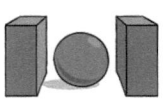

rhwng

中間

lle

地點